Ce livre appartient à :

Nom :

Adresse :

Offert par :

le 201...

martine
et l'âne Cadichon

d'après les albums de Gilbert Delahaye et Marcel Marlier

Le voisin de Martine travaille souvent dans son verger.
Mais il s'est cassé la jambe.
Martine et Jean vont lui rendre visite.

– Qui va s'occuper de Cadichon, mon âne ?
demande le père Julien, inquiet.

– **Nous !** proposent les enfants.

– J'ai faim. Où est le père Julien ? demande l'âne.

– Il a eu un accident. Il ne peut pas s'occuper de toi pour le moment.

Cadichon est inquiet.

Que va-t-il devenir ?

– Nous allons t'emmener à la ferme, dit Martine. Tu y seras très bien.
– **Non !** dit l'âne. Je veux rester à la maison.
Martine et Jean persuadent l'animal avec difficulté.

– **Non,** pas un âne ici,
dit le fermier.
– Nous le soignerons.
Vous n'aurez pas à vous
en occuper, dit Martine.
– Dans ce cas, d'accord,
conduis-le à l'étable.

Martine et Jean nourrissent le petit âne. Mais, Cadichon refuse de manger.

– **Hi-han !** crie l'âne.
Je veux rentrer à la maison.

– **Chuutt !** dit Patapouf.
Sinon le fermier te mettra dehors.

– Allons sous le hangar, dit Martine. Là, tu ne dérangeras personne.

Mais, une guêpe embête l'âne. Et **vlan !** Il bouscule tout et fait tomber le vélo du fermier.

Le fermier arrive à toute vitesse.

– Je te l'avais bien dit, Martine. Un âne, ça ne fait que des bêtises. Je vais l'enfermer dans le pré.

– Tu es puni ? demande Patapouf.

Cadichon, vexé, s'élance vers le chien.

Wouh ! Wouh !

Beh ! Beh ! Les moutons s'enfuient.

Quelle panique dans le pré !

Martine attache Cadichon
à un cerisier
– Si le fermier apprend tes
bêtises, il te mettra au pain
sec, dit Martine.

Martine a reçu du courrier !
C'est le père Julien.
– Je suis en convalescence chez mon neveu. Ma jambe va mieux. J'espère que Cadichon est sage.

– **Hi-han !** Le petit âne pleure. Je n'ai fait que des bêtises. Tu ne diras rien au père Julien ?
– Mais non, dit Martine. Je t'aime bien, tu sais. Moi non plus, je ne me fâcherai plus.

– Je te promets d'être sage maintenant.
– C'est très bien, dit Martine. Regarde dans quel état tu es ! Tu as besoin d'un brin de toilette.

– Maintenant, je vais t'apprendre à danser, dit Martine. Tous les animaux de la ferme sont là et tout le monde fait la fête !

Le fermier est heureux de ce changement. Cela lui donne une idée géniale !

– Je vais fabriquer une charrette avec les roues de mon vélo. Tu pourras ainsi aller promener Cadichon, dit-il à Martine.

Destination : la maison du Père Julien !

Martine est dans la charrette.

Ses copains suivent à vélo.
Cadichon mène le convoi.

– Alors, Cadichon, tu as été sage ?

– Oui, je ne
boude plus,
dit l'âne.

Tout le monde s'embrasse !
Cadichon et Martine sont
très fiers !

http://www.casterman.com
D'après les personnages créés par Gilbert Delahaye et Marcel Marlier / Léaucour Création.
Achevé d'imprimer en novembre 2011 en Chine. Dépôt légal : Août 2012 ; D. 2012/0053/116.
Déposé au ministère de la Justice, Paris (loi n° 49.956 du 16 juillet 1949
sur les publications destinées à la jeunesse).
ISBN 978-2-203-04884-3
L.10EJCN000297.N001